EINFACHE COCKTAILS

80 Moderne und Simple Rezepte

ALICE JENNINGS

INHALTSÜBERSICHT

Mojito	6
Margarita	7
Bloody Mary	8
Mimosa	9
Tequila Sunrise	10
Pina Colada	11
Manhattan	12
Gin and Tonic	13
Martini	14
Cosmopolitan	15
Old Fashioned	16
Long Island Iced Tea	17
Caipirinha	18
Sazerac	19
Daiquiri	20
Tom Collins	21
Sidecar	22
Negroni	23
Whiskey Sour	24
Mint Julep	25
Vodka Martini	26
Bramble	27
Harvey Wallbanger	28
French 75	29
Singapore Sling	30
Pisco Sour	31
Moscow Mule	32
Rum Punch	33
Bellini	34
White Russian	35
Espresso Martini	36
Aperol Spritz	37
Paloma	38
Dark 'n' Stormy	39
Black Russian	40
Zombie	41
Sex on the Beach	42
Kir Royale	43
Aviation	44
Bay Breeze	45

INHALTSÜBERSICHT

Screwdriver 46
Blue Lagoon 47
Seabreeze 48
Boulevardier 49
Mai Tai 50
Rusty Nail 51
Fuzzy Navel 52
Cuba Libre 53
B-52 54
Kamikaze 55
Cosmo 56
John Collins 57
Pink Lady 58
Bees Knees 59
Pimm's Cup 60
Stinger 61
Salty Dog 62
Grasshopper 63
Alabama Slammer 64
Clover Club 65
Planter's Punch 66
Bronx 67
French Martini 68
Golden Cadillac 69
Brandy Alexander 70
Monkey Gland 71
Yellow Bird 72
Blood and Sand 73
Paradise 74
Black Velvet 75
Horse's Neck 76
Black and Tan 77
Shandy 78
Mudslide 79
Irish Coffee 80
Hot Toddy 81
Eggnog 82
Godfather 83
Bamboo 84
Scofflaw 85

EINFÜHRUNG

Vor einigen Jahren hatte ich eine lebensverändernde Eingebung, als ich auf einem Hocker in einer gemütlichen, abgelegenen Bar in New Orleans saß. Während ich dem Barkeeper, einem unglaublichen Spirituosenkünstler, dabei zusah, wie er einen komplexen und köstlichen Cocktail kreierte, fragte ich mich: "Könnte ich das zu Hause nachmachen?" Diese einfache und doch tiefgründige Frage wurde zu meiner treibenden Kraft.

Die Welt der Mixologie kann geheimnisvoll erscheinen, fast wie ein Geheimbund, dessen Türen für Außenstehende verschlossen sind. Ich bin hier, um diese Illusion zu zerstören. Die Herstellung großartiger Cocktails sollte nicht auf die schummrigen Ecken exklusiver Bars beschränkt sein. Die Magie der Mixologie gehört uns allen, in unseren Küchen und Hinterhöfen, auf unseren Terrassen und an unseren Esstischen.

Dieses Buch wurde mit diesem Ziel vor Augen geschaffen. Es ist eine offene Einladung an alle, unabhängig von ihren Vorkenntnissen. Neulinge, die sich zum ersten Mal in die Welt des Home Bartending wagen, werden entdecken, dass die Mixologie nicht nur leicht zugänglich ist, sondern auch ungemein befriedigend ist und Spaß macht. Erfahrene Barkeeper werden innovative und moderne Ansätze finden, die ihrem Repertoire neues Leben einhauchen.

Jedes der 80 Rezepte in diesem Buch wurde akribisch getestet, verfeinert und vereinfacht. Es handelt sich um moderne Interpretationen von Klassikern und eine Auswahl neuer Rezepte, die alle sorgfältig so konzipiert wurden, dass Sie sie leicht zu Hause nachkochen können. Die Komplexität der Geschmacksrichtungen täuscht über die Einfachheit der Methoden hinweg. Die Eleganz dieser Cocktails wird Ihre Gäste glauben lassen, dass Sie heimlich in der angesagtesten Bar der Stadt gearbeitet haben.

Hier ist also das Geheimnis: Sie brauchen weder ein Dutzend exotischer Zutaten noch einen Abschluss in Chemie, um fabelhafte Cocktails zu kreieren. Alles, was Sie brauchen, sind frische Zutaten, Experimentierfreudigkeit, eine Prise Geduld und dieses Buch.

Begeben Sie sich mit mir auf diese Reise, tauchen Sie ein in die reizvolle Welt der Heim-Mixologie, und erheben Sie Ihr Glas auf Ihre bevorstehenden Abenteuer bei der Herstellung köstlicher und einfacher Cocktails.

Lassen Sie uns die Dinge aufmischen, in Ordnung? Prost!

MOJITO

Inhaltsstoffe

- *60 ml weißer Rum*
- *30 ml frischer Limettensaft (etwa 1 große Limette)*
- *2 Teelöffel (8,4 g) Kristallzucker*
- *8-10 frische Minzblätter*
- *Sodawasser zum Auffüllen*
- *Eiswürfel*

Anweisungen

1. *Den Limettensaft, den Zucker und die Minzblätter in ein stabiles Glas geben.*
2. *Die Minzblätter mit einem Muddler leicht zerdrücken, um das Aroma freizusetzen. Achten Sie darauf, die Blätter nicht zu zerreißen.*
3. *Füllen Sie das Glas bis zur Hälfte mit Eiswürfeln.*
4. *Gießen Sie den Rum über das Eis.*
5. *Mit Sodawasser auffüllen und vorsichtig umrühren.*
6. *Mit einem Minzzweig und einem Stück Limette garnieren, falls gewünscht.*

Vorbereitung: 5 Min
Kochzeit: 0 Min

Portionen
1

MARGARITA

Inhaltsstoffe

- *60 ml Tequila*
- *30 ml frischer*
- *Limettensaft (etwa 1 große Limette)*
- *30 ml Orangenlikör (Triple Sec oder Grand Marnier)*
- *Salz zum Bestreuen des Glases (optional)*
- *Eiswürfel*
- *Limettenscheibe zum Garnieren (optional)*

Anweisungen

1. *Wenn Sie einen gesalzenen Rand wünschen, befeuchten Sie zunächst den Rand des Servierglases mit einer Limettenspalte und tauchen ihn dann in einen kleinen Teller mit Salz, um ihn zu bestreichen. Beiseite stellen.*
2. *Tequila, Limettensaft, Orangenlikör und Eis in einem Shaker vermischen.*
3. *Bedecken Sie den Shaker und schütteln Sie ihn, bis die Außenseite des Shakers frostig und sehr kalt ist (das dauert in der Regel etwa 20-30 Sekunden).*
4. *Die Flüssigkeit aus dem Shaker in das vorbereitete Glas eingießen.*
5. *Mit einer Limettenscheibegarnieren, falls gewünscht.*

Vorbereitung: 5 Min
Kochzeit: 0 Min

Portionen
1

BLOODY MARY

Inhaltsstoffe

- *60 ml Wodka*
- *120 ml Tomatensaft*
- *30 ml Zitronensaft*
- *2 Spritzer Worcestershire-Sauce*
- *2 Spritzer Tabasco*
- *Salz und Pfeffer zum Abschmecken*
- *Staudenselleriestange zum Garnieren*

Anweisungen

1. *Wodka, Tomatensaft, Zitronensaft, Worcestershire-Sauce, Tabasco, Salz und zerstoßenen Pfeffer in einen Shaker geben.*
2. *Gut schütteln, bis alles gut vermischt ist.*
3. *Die Flüssigkeit in ein mit Eiswürfeln gefülltes Servierglas eingießen.*
4. *Mit einer Staudenselleriestange garnieren.*

Vorbereitung: 5 Min
Kochzeit: 0 Min

Portionen
1

MIMOSA

Inhaltsstoffe

- *75 ml Champagner*
- *75 ml Orangensaft*

Anweisungen

1. *Den Champagner in eine Sektflöte gießen.*
2. *Mit Orangensaft auffüllen.*
3. *Vorsichtig umrühren, damit er sich verbindet.*

Vorbereitung: 5 Min
Kochzeit: 0 Min

Portionen
1

TEQUILA SUNRISE

Inhaltsstoffe

- *60 ml Tequila*
- *120 ml Orangensaft*
- *15 ml Grenadine*

Anweisungen

1. *Füllen Sie ein Glas mit Eiswürfeln.*
2. *Den Tequila und dann den Orangensaft in das Glas gießen.*
3. *Gießen Sie die Grenadine langsam um den inneren Rand des Glases. Die Grenadine vermischt sich auf natürliche Weise mit den anderen Inhaltsstoffen, während sie allmählich aufsteigt und sinkt, wodurch der Sonnenaufgangseffekt entsteht.*
4. *Nicht umrühren, da dies den Effekt stören würde. Sofort servieren.*

Vorbereitung: 5 Min
Kochzeit: 0 Min

Portionen
1

PINA COLADA

Inhaltsstoffe

- *60 ml weißer Rum*
- *60 ml Kokosmilch*
- *120 ml Ananassaft Eiswürfel*
- *Ananasscheibe zum Garnieren (optional)*

Anweisungen

1. *Rum, Kokosnussmilch, Ananassaft und eine Handvoll Eiswürfel in den Hochleistungsmixer geben.*
2. *Gründlich pürieren.*
3. *Die Mischung in ein Glas füllen und mit einer Ananasscheibe garnieren.*

Vorbereitung: 5 Min
Kochzeit: 0 Min

Portionen
1

MANHATTAN

Inhaltsstoffe

- *60 ml Roggenwhiskey*
- *30 ml süßer Wermut*
- *2 Spritzer Angostura-Bitter*
- *Kirsche zum Garnieren*

Anweisungen

1. *Den Roggenwhiskey, den süßen Wermut und den Angostura-Bitter in ein Rührglas geben.*
2. *Gut umrühren, bis alles gründlich vermischt ist.*
3. *Die Flüssigkeit in ein Servierglas eingießen und mit einer Kirsche garnieren.*

Vorbereitung: 5 Min
Kochzeit: 0 Min

Portionen
1

GIN AND TONIC

Inhaltsstoffe

- *60 ml Gin*
- *Tonic-Wasser zum Auffüllen*
- *Limettenscheibe zum Garnieren*

Anweisungen

1. *Füllen Sie ein Glas mit Eiswürfeln.*
2. *Den Gin hineingießen.*
3. *Mit Tonic Water auffüllen (bis das Glas zur Hälfte gefüllt ist) und vorsichtig umrühren.*
4. *Mit einer Limettenscheibe garnieren.*

Vorbereitung: 5 Min
Kochzeit: 0 Min

Portionen
1

MARTINI

Inhaltsstoffe

- *60 ml Gin*
- *15 ml trockener Wermut*
- *Olive zum Garnieren*

Anweisungen

1. *Gin und trockenen Wermut in einem Glas verquirlen.*
2. *Die Flüssigkeit in ein Servierglas eingießen und mit einer Olive garnieren.*

Vorbereitung: 5 Min
Kochzeit: 0 Min

Portionen
1

COSMOPOLITAN

Inhaltsstoffe

- *60 ml Wodka*
- *30 ml Triple Sec (oder anderer Orangenlikör)*
- *30 ml Cranberry-Saft*
- *15 ml frischer Limettensaft*
- *Limettenscheibe zum Garnieren*

Anweisungen

1. *Wodka, Triple Sec, Cranberrysaft und Limettensaft in einen Shaker geben.*
2. *Gut schütteln, bis er abgekühlt ist.*
3. *Die Flüssigkeit in ein gekühltes Cocktailglas abseihen und mit einem Limettenrad garnieren.*

Vorbereitung: 5 Min
Kochzeit: 0 Min

Portionen
1

OLD FASHIONED

Inhaltsstoffe

- 60 ml Bourbon
- 2 Spritzer Angostura-Bitter
- 1 Stück Würfelzucker
  Ein Spritzer Wasser
- Orangenscheibe und Kirsche zum Garnieren

Anweisungen

1. Den Würfelzucker und den Angostura-Bitter mit einem Spritzer Wasser auf dem Boden eines Eisglases verrühren.
2. Bourbon hinzufügen und rühren, bis der Zucker vollständig aufgelöst ist.
3. Die Flüssigkeit im Servierglas mit Eiswürfeln auffüllen und erneut umrühren.
4. Mit einer Orangenscheibe und einer Kirsche garnieren.

Vorbereitung: 5 Min
Kochzeit: 0 Min

Portionen
1

LONG ISLAND ICED TEA

Inhaltsstoffe

- *15 ml Wodka*
- *15 ml Rum*
- *15 ml Tequila*
- *15 ml Gin*
- *15 ml Triple Sec (oder anderer Orangenlikör)*
- *30 ml frischer Zitronensaft*
- *Cola zum Auffüllen*
- *Zitronenscheibe zum Garnieren*

Anweisungen

1. *Füllen Sie ein hohes Glas mit Eiswürfeln.*
2. *Wodka, Rum, Tequila, Gin, Triple Sec und Zitronensaft hinzugeben.*
3. *Mit Cola auffüllen und vorsichtig umrühren.*
4. *Mit einer Zitronenscheibe garnieren.*

Vorbereitung: 5 Min
Kochzeit: 0 Min

Portionen
1

CAIPIRINHA

Inhaltsstoffe

- *60 ml weißer oder goldener Rum*
- *2 Teelöffel Zucker*
- *Eine halbe Limette, in Spalten geschnitten*

Anweisungen

1. *In einem stabilen Glas die Limettenspalten und den Zucker mischen.*
2. *Das Glas mit Eiswürfeln auffüllen.*
3. *Den Rum hinzufügen und gut umrühren.*

Vorbereitung: 5 Min
Kochzeit: 0 Min

Portionen
1

SAZERAC

Inhaltsstoffe

- *60 ml Roggenwhiskey*
- *1 Würfelzucker*
- *2 Spritzer Peychaud's Bitter*
- *Ein Spritzer Pernod oder Anisette*
- *Zitronenschalen zum Garnieren*

Anweisungen

1. *Den Würfelzucker und den Peychaud's Bitters in einem Rührglas verrühren.*
2. *Roggenwhiskey und Eis hinzufügen und rühren, bis er gut gekühlt ist.*
3. *Ein gekühltes Old-Fashioned-Glas mit Pernod oder Anisette ausspülen und den Überschuss wegwerfen.*
4. *Die Whiskey-Mischung in das ausgespülte Glas einfüllen.*
5. *Mit einem Stück Zitronenschale garnieren.*

Vorbereitung: 5 Min
Kochzeit: 0 Min

Portionen
1

DAIQUIRI

Inhaltsstoffe

- *60 ml weißer Rum*
- *30 ml frischer Limettensaft*
- *22 ml einfacher Sirup*
- *Limettenscheibe zum Garnieren*

Anweisungen

1. *Rum mit Limettensaft und einfachem Sirup in einem Shaker verquirlen.*
2. *Das Shaker-Glas mit Eis füllen, abdecken und schütteln, bis es gut gekühlt ist.*
3. *Die Flüssigkeit in das Cocktailglas eingießen.*
4. *Mit einer Limettenscheibe garnieren.*

Vorbereitung: 5 Min
Kochzeit: 0 Min

Portionen
1

TOM COLLINS

Inhaltsstoffe

- *60 ml Gin*
- *30 ml frischer Zitronensaft*
- *22 ml einfacher Sirup*
- *Sodawasser zum Auffüllen*
- *Zitronenscheibe und Kirsche zum Garnieren*

Anweisungen

1. *Gin mit Zitronensaft und Sirup in einem Shaker verquirlen.*
2. *Das Shaker-Glas mit Eis füllen, abdecken und schütteln, bis es gut gekühlt ist.*
3. *Die Flüssigkeit in ein mit Eis gefülltes Servierglas eingießen.*
4. *Mit Sodawasser auffüllen und mit einer Zitronenscheibe und einer Kirsche garnieren.*

Vorbereitung: 5 Min
Kochzeit: 0 Min

Portionen
1

SIDECAR

Inhaltsstoffe

- *60 ml Cognac*
- *30 ml Orangenlikör (Triple Sec oder Grand Marnier)*
- *22 ml frischer Zitronensaft*
- *Orangenscheibe zum Garnieren*

Anweisungen

1. *Cognac, Orangenlikör und Zitronensaft in einen Shaker geben.*
2. *Das Shaker-Glas mit Eis füllen, abdecken und schütteln, bis es gut gekühlt ist.*
3. *Die Flüssigkeit in ein Servierglas eingießen.*
4. *Mit einer Orangenscheibe garnieren.*

Vorbereitung: 5 Min
Kochzeit: 0 Min

Portionen
1

NEGRONI

Inhaltsstoffe

- *30 ml Gin*
- *30 ml Aperol oder Gran Classico*
- *30 ml süßer Wermut*
- *Orangenscheibe zum Garnieren*

Anweisungen

1. *Gin, Aperol (oder Gran Classico) und süßen Wermut in einem Rührglas mischen.*
2. *Eis in das Glas geben und rühren, bis es gut gekühlt ist.*
3. *Die Mischung in ein mit Eis gefülltes, altmodisches, gekühltes Glas eingießen.*
4. *Mit einer Orangenscheibe garnieren.*

Vorbereitung: 5 Min
Kochzeit: 0 Min

Portionen
1

WHISKEY SOUR

Inhaltsstoffe

- *60 ml Bourbon*
- *22 ml frischer Zitronensaft*
- *15 ml Zuckersirup*
- *1 Eiweiß (wahlweise)*
- *Kische und Orangenscheibe zum Garnieren*

Anweisungen

1. *Bourbon, Zitronensaft, Zuckersirup und Eiweiß (falls verwendet) in einen Shaker geben.*
2. *Um das Eiweiß zu emulgieren, ohne Eis schütteln.*
3. *Eis hinzufügen und schütteln, bis der Drink gut gekühlt ist.*
4. *Die Mischung in ein mit Eis gefülltes, gekühltes Old-Fashioned-Glas abseihen.*
5. *Mit einer Kirsche und einer Orangenscheibe garnieren.*

Vorbereitung: 5 Min
Kochzeit: 0 Min

Portionen
1

MINT JULEP

Inhaltsstoffe

- *60 ml Bourbon*
- *15 ml einfacher Sirup*
- *6 frische Minzblätter*
- *Ein Spritzer Wasser*
- *Zusätzlicher Minzezweig zum Garnieren*

Anweisungen

1. *In einem stabilen Glas die Minzblätter mit einfachem Sirup und einem Spritzer Wasser mischen.*
2. *Eis in das Glas geben und den Bourbon darüber gießen.*
3. *Umrühren, bis alles gut vermischt ist.*

Vorbereitung: 5 Min
Kochzeit: 0 Min

Portionen
1

VODKA MARTINI

Inhaltsstoffe

- *60 ml Wodka*
- *15 ml trockener Wermut*
- *Olive zum Garnieren*

Anweisungen

1. *Wodka und trockenen Wermut in einem mit Eis gefüllten Rührglas mischen.*
2. *Umrühren, bis es gut vermischt ist.*
3. *Die Flüssigkeit in das gekühlte Martiniglas eingießen.*
4. *Mit einer Olive garnieren.*

Vorbereitung: 5 Min
Kochzeit: 0 Min

Portionen
1

BRAMBLE

Inhaltsstoffe

- *60 ml Gin*
- *30 ml frischer Zitronensaft*
- *15 ml einfacher Sirup*
- *15 ml Brombeerlikör oder -marmelade*
- *Zitronenscheibe und Brombeere zum Garnieren*

Anweisungen

1. *Gin, Zitronensaft und einfachen Sirup in einem Shaker verquirlen.*
2. *Das Shaker-Glas mit Eis füllen, abdecken und schütteln, bis es gut gekühlt ist.*
3. *Die Flüssigkeit in ein mit zerstoßenem Eis gefülltes Servierglas eingießen.*
4. *Den Brombeerlikör oder die Marmelade darüber träufeln.*
5. *Mit einem Zitronenrad und einer Brombeere garnieren.*

Vorbereitung: 5 Min
Kochzeit: 0 Min

Portionen
1

HARVEY WALLBANGER

Inhaltsstoffe

- *45 ml Wodka*
- *120 ml frischer Orangensaft*
- *15 ml Gelber Chartreuse oder Strega*
- *Orangenscheibe zum Garnieren*

Anweisungen

1. *Wodka mit Orangensaft in ein hohes, mit Eis gefülltes Glas geben.*
2. *Umrühren, bis alles gut vermischt ist.*
3. *Den Gelben Chartreuse oder Stregaa darauf schwimmen lassen.*
4. *Mit einer Orangenscheibe garnieren.*

Vorbereitung: 5 Min
Kochzeit: 0 Min

Portionen
1

FRENCH 75

Inhaltsstoffe

- *45 ml Gin*
- *15 ml frischer Zitronensaft*
- *15 ml einfacher Sirup*
- *Champagner zum Auffüllen*
- *Zitronenspirale zum Garnieren*

Anweisungen

1. *Gin, Zitronensaft und einfachen Sirup in einem Shaker verquirlen.*
2. *Das Shaker-Glas mit Eis füllen, abdecken und schütteln, bis es gut gekühlt ist.*
3. *Die Mischung in eine Sektflöte eingießen.*
4. *Mit Champagner auffüllen.*
5. *Mit einer Zitronenspirale garnieren.*

Vorbereitung: 5 Min
Kochzeit: 0 Min

Portionen
1

SINGAPORE SLING

Inhaltsstoffe

- *45 ml Gin*
- *15 ml Kirschwasser*
- *15 ml Cointreau*
- *60 ml Ananassaft*
- *15 ml frischer Limettensaft*
- *7 ml Grenadine*
- *Ein Spritzer Magenbitter*
- *Kirsche und Ananasscheibe zum Garnieren*

Anweisungen

1. *Gin, Kirschwasser, Cointreau, Ananas, Limette, Grenadine und Magenbitter in einem Shaker verrühren.*
2. *Das Shaker-Glas mit Eis füllen, abdecken und schütteln, bis es gut gekühlt ist.*
3. *Die Flüssigkeit in ein mit Eis gefülltes Servierglas eingießen.*
4. *Mit einer Kirsche und einer Ananasscheibe garnieren.*

Vorbereitung: 5 Min
Kochzeit: 0 Min

Portionen
1

PISCO SOUR

Inhaltsstoffe

- *60 ml Pisco*
- *30 ml frischer Limettensaft*
- *22 ml einfacher Sirup*
- *1 Eiweiß*
- *Ein paar Spritzer Angostura-Bitter*
- *Limettenscheibe zum Garnieren*

Anweisungen

1. *Pisco, Limettensaft, einfachen Sirup und Eiweiß in einem Shaker vermischen.*
2. *Damit das Eiweiß emulgieren kann, ohne Eis schütteln.*
3. *Eis in das Shaker-Glas geben und schütteln, bis es gut gekühlt ist.*
4. *Die Mischung in ein gekühltes Old-Fashioned-Glas eingießen.*
5. *Mit 2-3 Spritzer Angostura-Bitter toppen und mit einer Limettenscheibe garnieren.*

Vorbereitung: 5 Min
Kochzeit: 0 Min

Portionen
1

MOSCOW MULE

Inhaltsstoffe

- *60 ml Wodka*
- *15 ml frischer Limettensaft*
- *Ingwerbier zum Auffüllen*
- *Limettenscheibe zum Garnieren*

Anweisungen

1. *Wodka mit Limettensaft in einen mit Eis gefüllten Kupferbecher geben.*
2. *Mit Ingwerbier auffüllen und umrühren, bis alles gut vermischt ist.*
3. *Mit einem Limettenrad garnieren.*

Vorbereitung: 5 Min
Kochzeit: 0 Min

Portionen
1

RUM PUNCH

Inhaltsstoffe

- *60 ml Rum*
- *60 ml frischer Orangensaft*
- *60 ml Ananassaft*
- *15 ml Grenadine*
- *Orangenscheibe und Kirsche zum Garnieren*

Anweisungen

1. *Rum, Orange, Ananas und Grenadine in einem Shaker mischen.*
2. *Das Shaker-Glas mit Eis füllen, abdecken und schütteln, bis es gut gekühlt ist.*
3. *Die Mischung in ein mit Eis gefülltes Servierglas eingießen.*
4. *Mit einer Orangenscheibe und einer Kirsche garnieren.*

Vorbereitung: 5 Min
Kochzeit: 0 Min

Portionen
1

BELLINI

Inhaltsstoffe

- *90 ml Prosecco*
- *60 ml Pfirsichpüree*
- *Pfirsichscheibe zum Garnieren*

Anweisungen

1. *Das Pfirsichpüree in eine Sektflöte gießen.*
2. *Mit Prosecco auffüllen und vorsichtig umrühren, bis alles gut vermischt ist.*
3. *Mit einer Pfirsichscheibe garnieren.*

Vorbereitung: 5 Min
Kochzeit: 0 Min

Portionen
1

WHITE RUSSIAN

Inhaltsstoffe

- *60 ml Wodka*
- *30 ml Kaffeelikör*
- *30 ml Sahne*
- *Kaffeebohnen zum Garnieren*

Anweisungen

1. *Wodka und Kaffeelikör in einem mit Eis gefüllten Longdrinkglas mischen.*
2. *Umrühren, bis alles gut vermischt ist.*
3. *Die Sahne langsam über einen Löffelrücken gießen und darauf schwimmen lassen.*
4. *Mit ein paar Kaffeebohnen garnieren.*

Vorbereitung: 5 Min
Kochzeit: 0 Min

Portionen
1

ESPRESSO MARTINI

Inhaltsstoffe

- 45 ml Wodka
- 30 ml Kaffeelikör
- 1 Schuss (30 ml) Espresso
- 15 ml Zuckersirup
- Kaffeebohnen zum Garnieren

Anweisungen

1. Wodka, Kaffeelikör, Espresso und Zuckersirup in einem Shaker mischen.
2. Das Shaker-Glas mit Eis füllen, abdecken und schütteln, bis es gut gekühlt ist.
3. Die Flüssigkeit in ein gekühltes Martiniglas abseihen und servieren.
4. Mit ein paar Kaffeebohnen garnieren.

Vorbereitung: 5 Min
Kochzeit: 0 Min

Portionen
1

APEROL SPRITZ

Inhaltsstoffe

- *90 ml Prosecco*
- *60 ml Aperol*
- *Ein Spritzer Sodawasser*
- *Orangenscheibe zum Garnieren*

Anweisungen

1. *Füllen Sie ein großes Weinglas mit Eis.*
2. *Prosecco, Aperol und einen Spritzer Sodawasser hinzugeben.*
3. *Umrühren und mit einer Orangenscheibe garnieren.*

Vorbereitung: 5 Min
Kochzeit: 0 Min

Portionen
1

PALOMA

Inhaltsstoffe

- *60 ml Tequila*
- *30 ml frischer Limettensaft*
- *60 ml frischer Grapefruitsaft*
- *Sodawasser zum Auffüllen*
- *Limettenscheibe zum Garnieren*

Anweisungen

1. *Tequila, Limettensaft und Grapefruitsaft in einem mit Eis gefüllten Glas vermischen.*
2. *Mit Sodawasser auffüllen und umrühren, bis alles gut vermischt ist.*
3. *Mit einer Limettenscheibe garnieren.*

Vorbereitung: 5 Min
Kochzeit: 0 Min

Portionen
1

DARK 'N' STORMY

Inhaltsstoffe

- *60 ml dunkler Rum*
- *Ingwerbier zum Nachfüllen*
- *15 ml frischer Limettensaft*
- *Limettenscheibe zum Garnieren*

Anweisungen

1. *In ein mit Eis gefülltes Glas den dunklen Rum geben.*
2. *Mit Ingwerbier auffüllen.*
3. *Frischen Limettensaft auspressen und umrühren, bis alles gut vermischt ist.*
4. *Mit einer Limettenscheibe garnieren.*

Vorbereitung: 5 Min
Kochzeit: 0 Min

Portionen
1

BLACK RUSSIAN

Inhaltsstoffe

- *60 ml Wodka*
- *30 ml Kaffeelikör*

Anweisungen

1. *Wodka und Kaffeelikör in einem mit Eis gefüllten Longdrinkglas mischen.*
2. *Umrühren, bis alles gut vermischt ist.*

Vorbereitung: 5 Min
Kochzeit: 0 Min

Portionen
1

ZOMBIE

Inhaltsstoffe

- *30 ml dunkler Rum*
- *30 ml heller Rum*
- *15 ml Aprikosenschnaps*
- *30 ml frischer Limettensaft*
- *30 ml Ananassaft*
- *15 ml Grenadine*
- *Ananasscheibe zum Garnieren*

Anweisungen

1. *Dunklen und hellen Rum, Aprikosenschnaps, Limette, Ananas und Grenadine in einem Shaker mischen.*
2. *Das Shaker-Glas mit Eis füllen, abdecken und schütteln, bis es gut gekühlt ist.*
3. *Die Flüssigkeit in ein mit Eis gefülltes Servierglas eingießen.*
4. *Mit einer Ananas-Scheibe garnieren.*

Vorbereitung: 5 Min
Kochzeit: 0 Min

Portionen
1

SEX ON THE BEACH

Inhaltsstoffe

- *45 mlWodka*
- *15 ml Pfirsichschnaps*
- *60 ml Orangensaft*
- *60 ml Cranberry-Saft*
- *Orangenscheibe und Kirsche zum Garnieren*

Anweisungen

1. *Wodka, Pfirsichschnaps, Orangensaft und Cranberrysaft in einem Shaker mischen.*
2. *Das Shaker-Glas mit Eis füllen, abdecken und schütteln, bis es gut gekühlt ist.*
3. *Die Flüssigkeit in ein mit Eis gefülltes Servierglas eingießen.*
4. *Mit einer Orangenscheibe und einer Kirsche garnieren.*

Vorbereitung: 5 Min
Kochzeit: 0 Min

Portionen
1

KIR ROYALE

Inhaltsstoffe

- *180 ml Champagner*
- *15 ml Johannisbeer-marmelade oder -saft*

Anweisungen

1. *Die Johannisbeermarmelade oder den Saft in eine Sektflöte geben.*
2. *Mit Champagner auffüllen und vorsichtig umrühren, bis alles gut vermischt ist.*

Vorbereitung: 5 Min
Kochzeit: 0 Min

Portionen
1

AVIATION

Inhaltsstoffe

- *60 ml Gin*
- *15 ml frischer Zitronensaft*
- *15 ml Kirschwasser*
- *15 ml einfacher Sirup*
- *1 Tropfen Mandelextrakt*
- *Zitronenspirale zum Garnieren*

Anweisungen

1. *Gin, Zitronensaft, Kirschwasser, einfachen Sirup und Mandelextrakt in einem Shaker vermischen.*
2. *Das Shaker-Glas mit Eis füllen, abdecken und schütteln, bis es gut gekühlt ist.*
3. *Die Flüssigkeit in ein Servierglas eingießen.*
4. *Mit einer Zitronenspirale garnieren.*

Vorbereitung: 5 Min
Kochzeit: 0 Min

Portionen
1

BAY BREEZE

Inhaltsstoffe

- *45 ml Wodka*
- *90 ml Cranberry-Saft*
- *45 ml Ananassaft*
- *Limettenscheibe zum Garnieren*

Anweisungen

1. *Wodka, Cranberry und Ananassaft in ein hohes, mit Eis gefülltes Glas geben. Umrühren, bis alles gut vermischt ist.*
2. *Mit einer Limettenscheibe garnieren.*

Vorbereitung: 5 Min
Kochzeit: 0 Min

Portionen
1

SCREWDRIVER

Inhaltsstoffe

- *60 ml Wodka*
- *Orangensaft zum Auffüllen*
- *Orangenscheibe zum Garnieren*

Anweisungen

1. *Ein hohes Cocktailglas mit Eiswürfeln füllen und den Wodka einfüllen.*
2. *Mit Orangensaft auffüllen und umrühren, bis alles gut vermischt ist.*
3. *Mit einer Orangenscheibe garnieren.*

Vorbereitung: 5 Min
Kochzeit: 0 Min

Portionen
1

BLUE LAGOON

Inhaltsstoffe

- *45 ml Wodka*
- *30 ml blauer Curaçao*
- *Limonade zum Nachschenken*
- *Zitronenscheibe zum Garnieren*

Anweisungen

1. *Das hohe Cocktailglas mit Eiswürfeln füllen und den Wodka und den blauen Curaçao einfüllen.*
2. *Mit Limonade auffüllen und umrühren, bis alles gut vermischt ist.*
3. *Mit einer Zitronenscheibe garnieren.*

Vorbereitung: 5 Min
Kochzeit: 0 Min

Portionen
1

SEABREEZE

Inhaltsstoffe

- *45 ml Wodka*
- *90 ml Cranberry-Saft*
- *45 ml Grapefruitsaft*
- *Limettenscheibe zum Garnieren*

Anweisungen

1. *Wodka, Cranberry und Grapefruitsaft in ein hohes, mit Eis gefülltes Glas geben.*
2. *Umrühren, bis alles gut vermischt ist.*
3. *Mit einer Limettenscheibe garnieren.*

Vorbereitung: 5 Min
Kochzeit: 0 Min

Portionen
1

BOULEVARDIER

Inhaltsstoffe

- 45 ml bourbon
- 30 ml süßer Wermut
- 30 ml Aperol oder Gran Classico
- Orange zum garnieren

Anweisungen

1. Kombinieren Sie Bourbon, süßen Wermut, Aperol (oder Gran Classico) in einem Rührglas.
2. Füllen Sie das hohe Cocktailglas mit Eiswürfeln.
3. Die Flüssigkeit in das gekühlte Cocktailglas eingießen und umrühren, bis es gut vermischt und kühl ist.
4. Mit Orange garnieren.

Vorbereitung: 5 Min
Kochzeit: 0 Min

Portionen
1

MAI TAI

Inhaltsstoffe

- 60 ml Rum
- 15 ml Orangen-Curaçao
- 30 ml frischer Limettensaft
- 15 ml einfacher Sirup
- 1 Tropfen Mandelextrakt
- Limettenscheibe und Minzzweig zum Garnieren

Anweisungen

1. Rum, Orangen-Curaçao, Limettensaft, einfachen Sirup und Mandelextrakt in einem Shaker vermischen.
2. Das Shaker-Glas mit Eis füllen, abdecken und schütteln, bis es gut gekühlt ist.
3. Die Flüssigkeit in ein mit Eis gefülltes Eisglas eingießen.
4. Mit einer Limettenscheibe und einem Minzezweig garnieren.

Vorbereitung: 5 Min
Kochzeit: 0 Min

Portionen
1

RUSTY NAIL

Inhaltsstoffe

- *45 ml Scotch*
- *22 ml Drambuie*
- *Zitronenspalte zum Garnieren*

Anweisungen

1. *Das Eis in das Felsenglas geben und den Scotch und den Drambuie einfüllen.*
2. *Umrühren, bis alles gut vermischt ist.*
3. *Mit einer Zitronenspalte garnieren.*

Vorbereitung: 5 Min
Kochzeit: 0 Min

Portionen
1

FUZZY NAVEL

Inhaltsstoffe

- *45 ml Pfirsichschnaps*
- *Orangensaft zum Auffüllen*
- *Orangenscheibe zum Garnieren*

Anweisungen

1. *Das Glas mit Eis füllen, den Pfirsichschnaps einfüllen.*
2. *Mit Orangensaft auffüllen und umrühren, bis alles gut vermischt ist.*
3. *Mit einer Orangenscheibe garnieren.*

Vorbereitung: 5 Min
Kochzeit: 0 Min

Portionen
1

CUBA LIBRE

Inhaltsstoffe

- *60 ml Rum*
- *Cola zum Nachfüllen*
- *15 ml frischer Limettensaft*
- *Limettenscheibe zum Garnieren*

Anweisungen

1. *Den Rum mit dem Limettensaft in ein mit Eis gefülltes hohes Glas geben.*
2. *Mit Cola auffüllen und umrühren, bis alles gut vermischt ist.*
3. *Mit einer Limettenscheibe garnieren.*

Vorbereitung: 5 Min
Kochzeit: 0 Min

Portionen
1

B-52

Inhaltsstoffe

- *20 ml Kahlua*
- *20 ml Baileys*
- *20 ml Grand Marnier*

Anweisungen

1. *In einem Schnapsglas den Kahlua, den Baileys und schließlich den Grand Marnier vorsichtig schichten.*
2. *Verwenden Sie die Rückseite eines Löffels, um die Inhaltsstoffe zu schichten, ohne sie zu vermischen.*

Vorbereitung: 5 Min
Kochzeit: 0 Min

Portionen
1

KAMIKAZE

Inhaltsstoffe

- *45 ml Wodka*
- *22 ml Triple Sec*
- *22 ml frischer Limettensaft*
- *Limettenscheibe zum Garnieren*

Anweisungen

1. *Wodka, Triple Sec und Limettensaft in das Shaker-Glas geben.*
2. *Das Shaker-Glas mit Eis auffüllen, abdecken und schütteln, bis es gut gekühlt ist.*
3. *Die Mischung in ein Shot-Glas eingießen.*
4. *Mit einer Limettenscheibe garnieren.*

Vorbereitung: 5 Min
Kochzeit: 0 Min

Portionen
1

COSMO

Inhaltsstoffe

- *45 ml Wodka*
- *30 ml Triple Sec*
- *15 ml frischer Limettensaft*
- *30 ml Preiselbeersaft*
- *Limettenscheibe zum Garnieren*

Anweisungen

1. *Wodka, Triple Sec, Limettensaft und Cranberrysaft in einem Shaker vermischen.*
2. *Das Shaker-Glas mit Eis füllen, abdecken und schütteln, bis es gut gekühlt ist.*
3. *Die Flüssigkeit in ein Servierglas eingießen.*
4. *Mit einer Limettenscheibe garnieren.*

Vorbereitung: 5 Min
Kochzeit: 0 Min

Portionen
1

JOHN COLLINS

Inhaltsstoffe

- *45 ml Bourbon*
- *22 ml frischer Zitronensaft*
- *22 ml einfacher Sirup*
- *Club Soda zum Auffüllen*
- *Zitronenscheibe und Kirsche zum Garnieren*

Anweisungen

1. *Bourbon, Zitronensaft und einfachen Sirup zusammen in einen Cocktailshaker geben.*
2. *Füllen Sie Eis in den Shaker, verschließen Sie ihn und schütteln Sie ihn gut, bis er gut gekühlt ist.*
3. *Anschließend den Cocktail in ein hohes, mit Eis gefülltes Glas eingießen.*
4. *Füllen Sie den verbleibenden Platz im Glas mit Club Soda auf.*
5. *Zum Schluss können Sie den Cocktail noch mit einer Zitronenscheibe und einer Kirsche verzieren.*

Vorbereitung: 5 Min
Kochzeit: 0 Min

Portionen
1

PINK LADY

Inhaltsstoffe

- *45 mlGin*
- *15 ml Apfelschnaps*
- *15 ml frischer Zitronensaft*
- *7 ml Grenadine*
- *1 Eiweiß*

Anweisungen

1. *Gin, Apfelschnaps, Zitronensaft, Grenadine und Eiweiß in einem Shaker vermischen.*
2. *Schütteln Sie die Inhaltsstoffe zunächst ohne Eis, damit sich das Eiweiß gut vermischt.*
3. *Geben Sie dann Eis in den Shaker, schließen Sie den Deckel und schütteln Sie ihn noch einmal kräftig, bis er ausreichend gekühlt ist.*
4. *Zum Schluss den Cocktail in ein vorgekühltes Cocktailglas eingießen und genießen.*

Vorbereitung: 5 Min
Kochzeit: 0 Min

Portionen
1

BEES KNEES

Inhaltsstoffe

- *60 ml Gin*
- *22 ml frischer Zitronensaft*
- *22 ml Honigsirup (gleiche Teile Honig und Wasser, erhitzen, bis sich der Honig auflöst, abgekühlen lassen)*

Anweisungen

1. *Den Gin mit Zitronensaft und Honigsirup in einen Cocktailshaker geben.*
2. *Anschließend den Shaker mit Eis auffüllen. Schließen Sie den Deckel des Shakers und schütteln Sie die Mischung, bis sie kalt ist.*
3. *Zum Schluss das Gebräu zum Servieren in ein vorgekühltes Cocktailglas eingießen.*

Vorbereitung: 5 Min
Kochzeit: 0 Min

Portionen
1

PIMM'S CUP

Inhaltsstoffe

- *60 ml Pimm's No. 1 (Kombination aus Gin und süßem Wermut)*
- *Limonade zum Nachfüllen*
- *Verschiedene Früchte (Erdbeere, Orange, Gurke)*
- *Minzzweig zum Garnieren*

Anweisungen

1. *Pimm's No. 1 in ein mit Eis gefülltes Servierglas geben.*
2. *Die Früchte Ihrer Wahl hinzufügen.*
3. *Mit Limonade auffüllen und umrühren.*

Vorbereitung: 5 Min
Kochzeit: 0 Min

Portionen
1

STINGER

Inhaltsstoffe

- *60 ml Weinbrand*
- *30 ml Pfefferminzschnaps*

Anweisungen

1. *Brandy und Pfefferminzschnaps in einen Shaker geben.*
2. *Den Shaker mit Eis füllen, zugedeckt halten und schütteln, bis er gut gekühlt ist.*
3. *Die Flüssigkeit in ein gekühltes Cocktailglas eingießen.*

Vorbereitung: 5 Min
Kochzeit: 0 Min

Portionen
1

SALTY DOG

Inhaltsstoffe

- *45 ml Gin*
- *120 ml Grapefruitsaft*
- *Salz zum Bestreuen*

Anweisungen

1. *Reiben Sie den Rand des Grapefruit-Highball-Glases mit Salz ein und drehen Sie ihn dann.*
2. *Das Highball-Glas mit Eis füllen und Gin und Grapefruitsaft hinzufügen.*
3. *Gut umrühren.*

Vorbereitung: 5 Min
Kochzeit: 0 Min

Portionen
1

GRASSHOPPER

Inhaltsstoffe

- *30 ml Pfefferminzschnaps*
- *30 ml weiße Kakao-Creme*
- *30 ml Sahne*

Anweisungen

1. *Pfefferminzschnaps, Crème de Cacao und Sahne in einem Shaker verrühren.*
2. *Den Shaker mit Eis auffüllen, mit einem weiteren Glas abdecken und schütteln, bis er gut gekühlt ist.*
3. *Die Flüssigkeit in das gekühlte Servierglas abseihen.*

Vorbereitung: 5 Min
Kochzeit: 0 Min

Portionen
1

ALABAMA SLAMMER

Inhaltsstoffe

- *22 ml Southern Comfort*
- *22 ml Gin*
- *22 ml Brombeerlikör oder -marmelade*
- *22 ml Amaretto*
- *60 ml Orangensaft*

Anweisungen

1. *Alle Inhaltsstoffe in einem Shaker vermischen.*
2. *Das Shaker-Glas mit Eis füllen, mit einem anderen Glas abdecken und schütteln, bis es gut gekühlt ist.*
3. *Die Flüssigkeit in das gekühlte Cocktailglas eingießen.*

Vorbereitung: 5 Min
Kochzeit: 0 Min

Portionen
1

CLOVER CLUB

Inhaltsstoffe

- *45 ml Gin*
- *22 ml frischer Zitronensaft*
- *22 ml Himbeersirup*
- *1 Eiweiß*

Anweisungen

1. *Gin, Zitronensaft, Himbeersirup und Eiweiß in einem Shaker vermischen.*
2. *Schütteln Sie zunächst das Eiweiß im Shaker ohne Eis. So lässt es sich gut mischen. Geben Sie dann Eis in den Shaker und schütteln Sie ihn gut, bis er sich kalt anfühlt.*
3. *Schließlich gießen Sie die Mischung durch ein Sieb in ein Glas, das zuvor gekühlt wurde.*

Vorbereitung: 5 Min
Kochzeit: 0 Min

Portionen
1

PLANTER'S PUNCH

Inhaltsstoffe

- *60 ml dunkler Rum*
- *60 ml Orangensaft*
- *60 ml Ananassaft*
- *15 ml Grenadine*
- *Orangenscheibe und Kirsche zum Garnieren*

Anweisungen

1. *Rum, Orange, Ananas und Grenadine in einem Shaker vermischen.*
2. *Füllen Sie den Shaker zunächst mit Eis und schließen Sie dann den Deckel. Schütteln Sie ihn kräftig, bis er sich sehr kalt anfühlt.*
3. *Danach gießen Sie die gut gekühlte Mischung durch ein Sieb in ein hohes, mit Eis gefülltes Glas.*
4. *Zum Schluss dekorieren Sie das Glas mit einer Orangenscheibe und einer Kirsche, um den Drink optisch aufzuwerten.*

Vorbereitung: 5 Min
Kochzeit: 0 Min

Portionen
1

BRONX

Inhaltsstoffe

- *60 ml Gin*
- *22 ml süßer Wermut*
- *22 ml trockener Wermut*
- *30 ml Orangensaft*

Anweisungen

1. *Gin, süßer und trockener Wermut und Orangensaft in einem Shaker mischen.*
2. *Füllen Sie den Shaker zunächst mit Eis.*
3. *Schließen Sie den Deckel und schütteln Sie ihn gut, bis er deutlich abgekühlt ist.*
4. *Gießen Sie anschließend das gekühlte Gebräu mit einem Sieb in ein vorgekühltes Cocktailglas.*

Vorbereitung: 5 Min
Kochzeit: 0 Min

Portionen
1

FRENCH MARTINI

Inhaltsstoffe

- *45 ml Wodka*
- *60 ml Ananassaft*
- *15 ml Chambord*

Anweisungen

1. *Wodka, Ananassaft und Chambord in einen Shaker geben.*
2. *Füllen Sie Ihren Shaker zunächst mit Eis. Verschließen Sie den Shaker mit dem Deckel und schütteln Sie ihn gut.*
3. *Gießen Sie das gekühlte Gebräu anschließend mit einem Sieb in ein vorgekühltes Cocktailglas.*

Vorbereitung: 5 Min
Kochzeit: 0 Min

Portionen
1

GOLDEN CADILLAC

Inhaltsstoffe

- *30 ml Gelber Chartreuse oder Strega*
- *30 ml weiße Kakao-Creme*
- *30 ml Sahne*

Anweisungen

1. *Den Gelben Chartreuse oder Strega, die Crème de Cacao und die Sahne in einen Shaker geben.*
2. *Füllen Sie Ihren Shaker zunächst mit Eis. Verschließen Sie den Shaker mit dem Deckel und schütteln Sie ihn gut, bis er deutlich abgekühlt ist.*
3. *Dann gießen Sie das gekühlte Gebräu mit einem Sieb in ein vorgekühltes Cocktailglas.*

Vorbereitung: 5 Min
Kochzeit: 0 Min

Portionen
1

BRANDY ALEXANDER

Inhaltsstoffe

- *30 ml Cognac*
- *30 ml Kakaocreme*
- *30 ml Sahne*
- *Muskatnuss zum Garnieren*

Anweisungen

1. *Cognac, Crème de Cacao und Sahne in einem Shaker verrühren.*
2. *Füllen Sie Ihren Shaker zunächst mit Eis. Verschließen Sie den Shaker mit dem Deckel und schütteln Sie ihn gut, bis er deutlich abgekühlt ist.*
3. *Dann gießen Sie das gekühlte Gebräu mit einem Sieb in ein vorgekühltes Cocktailglas.*
4. *Garnieren Sie mit etwas Muskatnuss.*

Vorbereitung: 5 Min
Kochzeit: 0 Min

Portionen
1

MONKEY GLAND

Inhaltsstoffe

- *60 ml Gin*
- *30 ml Orangensaft*
- *7,5 ml Grenadine*
- *Ein Spritzer Pernod oder Anisette*

Anweisungen

1. *Kombinieren Sie Gin, Orangensaft, Grenadine und Pernod oder Anisette in einem Shaker.*
2. *Füllen Sie Ihren Shaker zunächst mit Eis. Verschließen Sie den Shaker mit dem Deckel und schütteln Sie ihn gut, bis er deutlich abgekühlt ist.*
3. *Gießen Sie das gekühlte Gebräu anschließend mit einem Sieb in ein vorgekühltes Cocktailglas.*

Vorbereitung: 5 Min
Kochzeit: 0 Min

Portionen
1

YELLOW BIRD

Inhaltsstoffe

- *30 ml weißer Rum*
- *30 ml Gelber Chartreuse oder Strega*
- *30 ml Triple Sec*
- *30 ml Limettensaft*

Anweisungen

1. *Rum, Gelbe Chartreuse oder Strega, Triple Sec und Limettensaft in einem Shaker vermischen.*
2. *Füllen Sie den Shaker zunächst mit Eis.*
3. *Schließen Sie den Deckel und schütteln Sie ihn gut, bis er deutlich abgekühlt ist. Gießen Sie das gekühlte Gebräu anschließend mit einem Sieb in ein vorgekühltes Cocktailglas.*

Vorbereitung: 5 Min
Kochzeit: 0 Min

Portionen
1

BLOOD AND SAND

Inhaltsstoffe

- *22 ml Scotch*
- *22 ml Kirschwasser*
- *22 ml süßer Wermut*
- *22 ml Orangensaft*

Anweisungen

1. *Scotch, Kirschwasser, süßer Wermut und Orangensaft in einem Shaker mischen.*
2. *Füllen Sie den Shaker zunächst mit Eis.*
3. *Verschließen Sie den Shaker mit dem Deckel und schütteln Sie ihn gut, bis er deutlich abgekühlt ist.*
4. *Gießen Sie anschließend das gekühlte Gebräu mit einem Sieb in ein vorgekühltes Cocktailglas.*

Vorbereitung: 5 Min
Kochzeit: 0 Min

Portionen
1

PARADISE

Inhaltsstoffe

- *45 ml Gin*
- *22 ml Aprikosenschnaps*
- *60 ml Orangensaft*

Anweisungen

1. *Gin, Aprikosenschnaps und Orangensaft in einem Shaker mischen.*
2. *Füllen Sie den Shaker zunächst mit Eis.*
3. *Schließen Sie den Deckel und schütteln Sie ihn gut, bis er deutlich abgekühlt ist.*
4. *Gießen Sie das gekühlte Gebräu anschließend mit einem Sieb in ein vorgekühltes Cocktailglas.*

Vorbereitung: 5 Min
Kochzeit: 0 Min

Portionen
1

BLACK VELVET

Inhaltsstoffe

- *Ein halbes Glas Stout (wie Guinness)*
- *Ein halbes Glas Champagner*

Anweisungen

1. *Gießen Sie das Stout in eine Sektflöte, bis diese halb voll ist.*
2. *Die Flöte langsam mit Champagner auffüllen, dabei über einen Löffelrücken gießen, damit es nicht zu sehr aufschäumt.*

Vorbereitung: 5 Min
Kochzeit: 0 Min

Portionen
1

HORSE'S NECK

Inhaltsstoffe

- *60 ml Weinbrand*
  Ingwer-Ale zum Auffüllen
- *2-3 Spritzer Magenbitter*
- *1 lange Zitronenschale (zum Garnieren)*

Anweisungen

1. *Füllen Sie ein Longdrinkglas mit Eis.*
2. *Brandy und Bitter hinzugeben, dann mit Ginger Ale auffüllen.*
3. *Mit einer langen Zitronenschale garnieren.*

Vorbereitung: 5 Min
Kochzeit: 0 Min

Portionen
1

BLACK AND TAN

Inhaltsstoffe

- *Ein halbes Glas Stout (wie Guinness)*
- *Ein halbes Glas Pale Ale*

Anweisungen

1. *Pale Ale in ein Pint-Glas geben, bis es halb voll ist.*
2. *Das Stout langsam über einen Löffelrücken gießen, sodass es auf dem Pale Ale schwimmt.*

Vorbereitung: 5 Min
Kochzeit: 0 Min

Portionen
1

SHANDY

Inhaltsstoffe

- *Ein halbes Glas Bier*
- *Ein halbes Glas Limonade*

Anweisungen

1. *Gießen Sie Bier in ein Pint-Glas (ca. 240 ml), bis es halb voll ist.*
2. *Das Glas mit Limonade auffüllen. Eiswürfel hinzugeben, gut umrühren (in eine Richtung), dann servieren und genießen.*

Vorbereitung: 2 Min
Kochzeit: 0 Min

Portionen
1

MUDSLIDE

Inhaltsstoffe

- *30 ml Wodka*
- *30 ml Kahlua*
- *30 ml Baileys Irish Cream*
- *45 ml Sahne*

Anweisungen

1. *Kombinieren Sie Wodka, Kahlua, Baileys und Sahne in einem Shaker.*
2. *Füllen Sie den Shaker zunächst mit Eis.*
3. *Verschließen Sie den Shaker mit dem Deckel und schütteln Sie ihn gut, bis er deutlich abgekühlt ist.*
4. *Gießen Sie das gekühlte Gebräu anschließend mit einem Sieb in ein vorgekühltes Cocktailglas.*

Vorbereitung: 5 Min
Kochzeit: 0 Min

Portionen
1

IRISH COFFEE

Inhaltsstoffe

- *45 ml irischer Whiskey*
- *180 ml heißer Kaffee*
- *1 Teelöffel (5 g) Zucker*
- *30 ml schwere Sahne*

Anweisungen

1. *Wärmen Sie einen Kaffeebecher vor, indem Sie ihn mit heißem Wasser ausspülen.*
2. *Gießen Sie den irischen Whiskey in die Tasse.*
3. *Kaffee und Zucker hinzufügen und umrühren, damit sie sich auflösen.*
4. *Die Sahne mit einem Löffelrücken darauf schwimmen lassen.*

Vorbereitung: 5 Min
Kochzeit: 0 Min

Portionen
1

HOT TODDY

Inhaltsstoffe

- *45 ml Whiskey*
- *1 Esslöffel (15 ml) Honig*
- *15 ml Zitronensaft*
- *1 Tasse (240 ml) heißes Wasser*

Anweisungen

1. *Whiskey, Honig und Zitronensaft in einem Becher vermengen.*
2. *Mit heißem Wasser aufgießen und umrühren, bis der Honig vollständig aufgelöst ist.*

Vorbereitung: 5 Min
Kochzeit: 0 Min

Portionen
1

EGGNOG

Inhaltsstoffe

- *30 ml Rum*
- *15 ml Bourbon*
- *120 ml Milch*
- *30 ml Sahne*
- *1 Teelöffel (5 g) Zucker*
- *1 Eigelb*
- *Eine Prise Muskatnuss zum Garnieren*

Anweisungen

1. *Rum, Bourbon, Milch, Sahne, Zucker und Eigelb in einem Shaker verrühren.*
2. *Das Shaker-Glas mit Eis füllen, abdecken und schütteln, bis es gut gekühlt ist.*
3. *Die Mischung in ein Glas eingießen und mit Muskatnuss garnieren.*

Vorbereitung: 10Min
Kochzeit: 0 Min

Portionen
1

GODFATHER

Inhaltsstoffe

- *45 ml Scotch*
- *22 ml Amaretto*

Anweisungen

1. *Das Cocktailglas mit Eiswürfeln füllen und den Scotch und den Amaretto dazugeben.*
2. *Gut umrühren, kühl stellen, servieren und genießen.*

Vorbereitung: 5 Min
Kochzeit: 0 Min

Portionen
1

BAMBOO

Inhaltsstoffe

- 45 mltrockener Sherry
- 45 ml trockener Wermut
- 2 Spritzer Orangenbitter
- 2 Spritzer Angostura-Bitter

Anweisungen

1. Sherry, Wermut und beide Bitter in einem mit Eis gefüllten Rührglas vermischen.
2. Umrühren, um zu kühlen und zu mischen, dann in ein Cocktailglas eingießen.

Vorbereitung: 5 Min
Kochzeit: 0 Min

Portionen
1

SCOFFLAW

Inhaltsstoffe

- *60 ml Roggenwhiskey*
- *30 ml trockener Wermut*
- *22 ml Zitronensaft*
- *22 ml Grenadine*
- *2 Spritzer Orangenbitter*

Anweisungen

1. *Whiskey, Wermut, Zitronensaft, Grenadine und Bitter in einem Shaker mischen.*
2. *Füllen Sie den Shaker zunächst mit Eis.*
3. *Verschließen Sie den Shaker mit dem Deckel und schütteln Sie ihn gut, bis er deutlich abgekühlt ist.*
4. *Gießen Sie das gekühlte Gebräu anschließend mit einem Sieb in ein vorgekühltes Cocktailglas.*

Vorbereitung: 5 Min
Kochzeit: 0 Min

Portionen
1

Impressum

Originalausgabe „Easy Cocktails" ist erschienen bei DJTS Publishing (info@djts-publishing.com)

Golden Age Coaching ist eine Marke der Kölner Bücherwerkstatt.

ISBN Taschenbuch: 978-3-910693-02-9

KB Kölner Bücherwerkstatt GmbH & Co KG
Merschfeldweg 3
50859 Köln
DE - Germany

Info@k-bws.com
www.k-bws.com

Verantwortlich für den Druck: Amazon Distribution GmbH

Haftungsausschluss
Bei der Erstellung dieses Buches wurde mit größter Sorgfalt vorgegangen, dennoch können Fehler nicht vollständig ausgeschlossen werden. Mit der Lektüre dieses Dokuments erklärt sich der Leser damit einverstanden, dass der Autor und der Herausgeber unter keinen Umständen für Schäden oder Verluste verantwortlich gemacht werden können, die durch die Verwendung der in diesem Buch enthaltenen Informationen entstehen, einschließlich, aber nicht beschränkt auf - Fehler, Auslassungen oder Ungenauigkeiten.

Für Verbesserungsvorschläge und Hinweise auf mögliche Fehler sind der Verlag und die Autoren offen und dankbar

Printed in France by Amazon
Brétigny-sur-Orge, FR

18110034R00049